Am Anfang

Original title: *De schepping.*
Published by Querido's Kinderboeken Uitgeverij B.V.,
Amsterdam

Copyright text © 2003 by Bart Moeyaert
Copyright illustrations © 2003 by Wolf Erlbruch
5. Auflage 2017
© Peter Hammer Verlag GmbH, Wuppertal 2003
Alle Rechte der deutschen Ausgabe ausdrücklich
vorbehalten
Druck: TBB, a.s.
ISBN 978-3-87294-938-7
www.peter-hammer-verlag.de

Bart Moeyaert

Am Anfang

Mit Illustrationen
von Wolf Erlbruch

Aus dem Niederländischen
von Mirjam Pressler

Peter Hammer Verlag

AM ANFANG war das Nichts. Das kannst du dir schwer vorstellen. Du musst alles, was es jetzt gibt, weglassen. Du musst das Licht ausmachen und selbst nicht da sein und dann sogar noch die Dunkelheit vergessen, denn am Anfang war Nichts, also auch keine Dunkelheit. Wenn du den Anfang von allem sehen willst, musst du sehr viel weglassen. Auch deine Mutter.

Nur Gott und mich behältst du übrig. Es ist schwer, Gott und mich übrig zu behalten, wenn du gerade an Nichts gedacht hast, aber nun ja: Gott und ich sind nicht viel. Wir sind noch weniger, als du glaubst. Wir sind das bisschen Luft, das nachts um die Erde reist. Wir sind ein trockener Regenguss. Wir sind nicht mal der Schnee, der im vergangenen Jahr gefallen ist. So wenig sind wir.

Trotzdem waren wir dabei, von Anfang an. Es gab Nichts und Gott und mich – und ein Stühlchen zum Sitzen. Sehr lange ist Nichts gewesen. Es war schrecklich.

Von „gleich" hatten wir noch nichts gehört. An „morgen" hatten wir noch nie gedacht. Es gab kein „früher" und kein „schönes Wetter heute", keine „Tasse Tee und hättest du gern einen Keks dazu", kein Foto vom Hund mit dem Wellensittich auf dem Kopf. Es gab nichts zu erzählen, denn über die Aussicht hatten wir schon am Anfang nur Nichts zu erzählen.

Wie man es auch drehte, wie man es auch wendete, nichts veränderte sich, Nichts blieb Nichts. Aber wenn ich Gott fragte, wie es ihm gehe, hob er den Daumen und nickte dazu.

„Alles ist gut", sagte er. Alles war gut. Auch wenn es noch nichts gab.

„MIT EIN BISSCHEN gutem Willen siehst du, wie es wird", sagte er einmal und deutete mit beiden Händen zugleich um sich und stupste da und dort in das Nichts, als berühre er schon die Dinge, die es noch nicht gab, bevor sie da waren. „Siehst du?", sagte er. „Kannst du's sehen?"

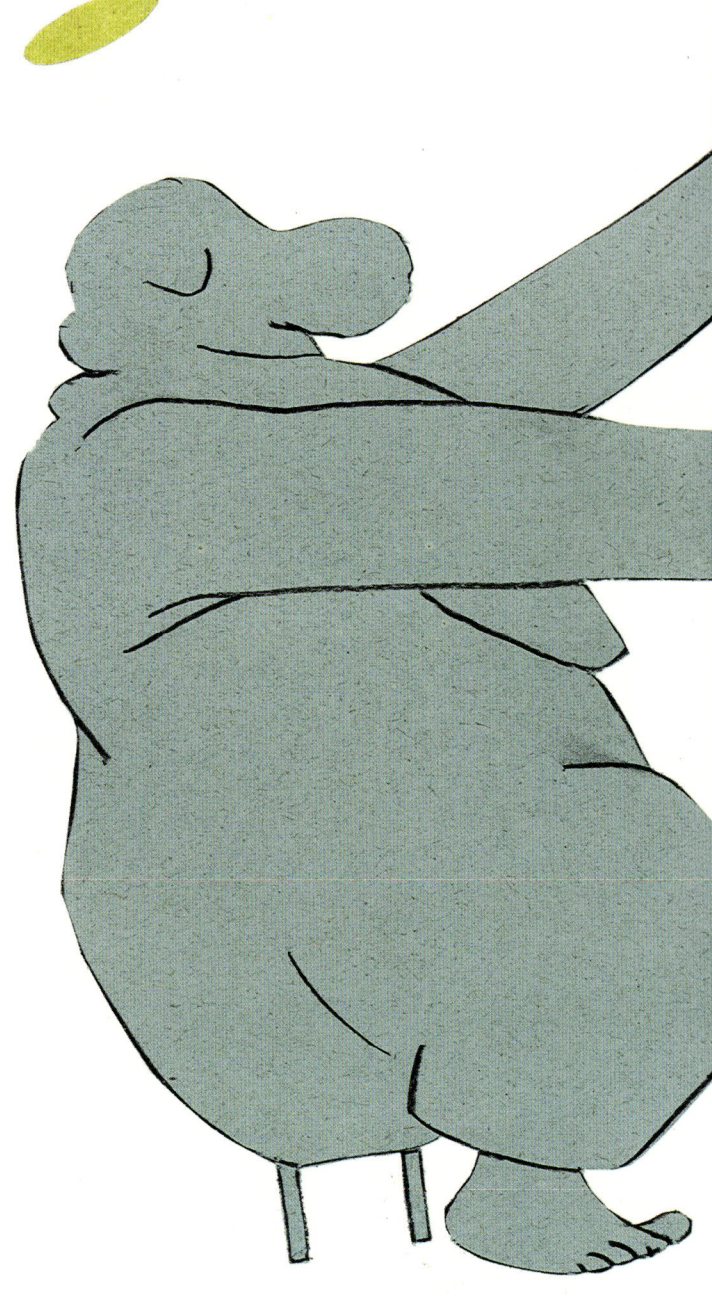

Er sagte, was er sah, er nannte die Dinge beim Namen, aber wenn du von allen Dingen nur das Nichts und ein Stühlchen mit Namen kennst, dann weißt du nicht, wovon die Rede ist. Ein Tisch hat vier Pfoten und ein Wellensittich sitzt auf seinem Kopf und an einem Hund kann man essen.

„Du siehst alles", sagte ich zu Gott. „Das ist schön für dich, ich bin gespannt."

Das war wohl genau richtig. Der Vorteil von Nichts und einem Stühlchen ist, dass bloß zwei Dinge da sind. Wenn das alles ist, hast du kaum Sorgen.

„Ich bin vor allem gespannt, womit du anfangen wirst", sagte ich zu Gott und tat es ihm nach, ich stupste mit den Fingern in das Nichts. Das war nicht gerade nett von mir, aber das Lächeln um seinen Mund war auch nicht besonders nett. Welch eine Vorfreude er an den Dingen hatte, die es noch gar nicht gab – und das waren alles in allem sehr viele.

„Mal sehen", sagte Gott. Er breitete die Arme aus und schuf etwas.

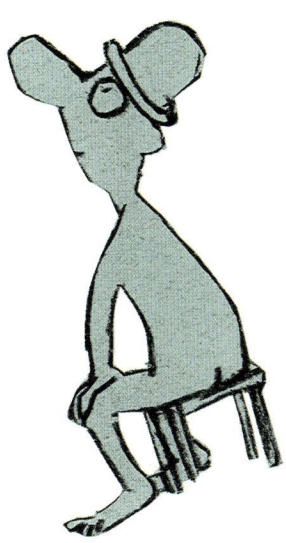

Es war etwas, was ich zuerst nicht erkennen konnte. Es war der Tag. Ich kapierte es erst ein paar Stunden später, als es dunkel wurde.

„So", sagte Gott in der Dämmerung. Ich konnte es nicht richtig sehen, aber ich bin sicher, dass sein Daumen wieder nach oben zeigte.

Mir verschlug es die Sprache. Wenn Gott und ich nur wenig sind, noch weniger, als du denkst, dann ist er allerdings von uns beiden das meiste. In diesem Moment war es mir nur ein bisschen unangenehm, das zuzugeben. Vielleicht war es ja von selbst dunkel geworden, wer weiß, vielleicht waren der Tag und die Nacht einfach nur ein Teil vom Nichts und mit dem Stühlchen würde auch noch irgendetwas passieren. Vielleicht war ich nicht, was ich war, und mein Stühlchen würde gleich zu etwas ganz anderem.

„Schön", sagte ich, während ich die Nacht betrachtete und mit den Fingern auf mein Knie trommelte. „Und was kommt jetzt?"

„Wieder ein Tag", sagte Gott lächelnd, legte die Hände hinter den Kopf und stieß einen zufriedenen Seufzer aus.

Fast hätte ich gesagt, dass er nicht so angeben solle, aber dazu blieb mir gar keine Gelegenheit. Es ist nicht viel nötig, um das Nichts in ein Etwas zu verändern. Im Falle Gottes reichte ein Seufzer der Zufriedenheit.

Verglichen mit vorher schien alles gleich zu bleiben, genau wie damals, als der Tag und die Nacht geschaffen worden waren, aber es schien nur so. Die Härchen auf meinen Armen zitterten. Meine Wimpern bewegten sich, so dass meine Augen zu tränen anfingen. Wenn noch nichts da ist, fällt jede Bewegung auf. Ich bin mal in einem stillen Zimmer gewesen, als sich eine Maus bewegte. Noch besser: Ich bin mal in einem stillen Zimmer gewesen, als sich eine Maus bewegte und eine Katze aufwachte. So war es nach diesem Seufzer, und es wurde auch danach nicht besser. Der Wind hielt an, wurde stärker. Es würde nicht lange dauern und es würde stürmen. Und auf die Dauer würde alles zusammenprallen. Bestimmt würde es so kommen.

„Au", sagte ich.

„Ja", sagte Gott. Und – schwupp –, ging sein Daumen hoch.

Ich schaute mich um und da sah ich es: Hier war es nass, dort war es trocken. „Zufall", sagte ich. „Purer Zufall!"

„So", sagte Gott und leckte an seinem Daumen und drückte ihn an seine Brust. „Das muss aber auffallend viel Zufall sein. Da denke ich gerade an Land und Wasser und sofort ist Land und Wasser da. Manchmal passieren seltsame Dinge." Er ließ seine Füße ins Meer hängen und lehnte sich zurück, mit den Händen im Sand.

Ich war froh, dass ich saß. Innerlich war ich vollkommen verblüfft. Aber ich gab mich nicht geschlagen. Es hat noch überhaupt nichts angefangen, behauptete ich. Das Nichts bestand aus Tag und Nacht, aus Nass und Trocken, Glaube, Unglaube und einem Stühlchen.

„Wind, Gegenwind", sagte ich, während ich die Arme verschränkte und mich bemühte, nicht zu sehen, dass es schon wieder Tag wurde. „Jetzt muss endlich was passieren. Denn diese Seite oder jene Seite, das können wir uns alles ausdenken." Ich zeigte mit den Händen, welche Seiten ich meinte.

Wenn Gott und ich nur wenig sind, dann bin ich von uns beiden – alles was recht ist – das Allerwenigste. Ein Staubkorn. Du brauchst nur auszuatmen, schon bin ich weg. So wenig bin ich.

Vor drei Tagen hatten wir mit dem Anfang begonnen, da rollte Gott plötzlich einen schlampigen Teppich aus Gras und Erde aus, und alles Mögliche grünte und spross und blühte, es schwankte nur so hin und her im Wind, der aus dem Wasser oder vom Land her kam.

„Gut", sagte Gott.

„Gut", sagte ich und hätte mir selbst eine Ohrfeige geben können, denn Gott war lieb und alles, und ich war schlecht und fast nichts. Ich gab zu, während ich mich an meinem Stühlchen festhielt, dass alles schön in Bewegung war. „Siehst du es grünen und sprießen und blühen, im Wind, – im Wind, – im Wind." Damit meinte ich, dass alles irgendwie in der Luft hing.

„Ich weiß nicht, wo ich bin", sagte ich. „Auf meinem Stühlchen zwischen Tag und Nacht, zwischen Land und Wasser und allem, was grünte und spross und blühte. Das war schön. Aber wo?"

„Wo?", sagte ich zu Gott.

UND WEISST DU, was er tat? Mit den Händen zeichnete er einen Kreis um mich herum, und ich wusste plötzlich, wo ich war. Auf meinem Stühlchen, zwischen der Sonne und dem Mond und den Sternen und den fernsten Fernen dahinter; und als er dem ganzen Himmel auch noch einen Namen gab, sprang ich auf und rief: „Gut", noch bevor er seinen Daumen hochheben konnte, der Angeber.

„Gut", sagte ich und streckte meinen Finger in Gottes Richtung, als ob ich schon anfassen könnte, was ich ihm sagen wollte. „Was willst du eigentlich von mir? Warum bin ich hier? Zum Beifall klatschen? Um dir gleich einen Blumenstrauß zu überreichen für deine Mühe? Oder willst du, dass ich hier ein Loch grabe und mich reinstelle, damit ich noch kleiner werde, als ich schon bin, nie klein genug im Vergleich zu dem, was du tust? Oder hast du dir das ausgedacht, damit ich das Gefühl bekomme, dass ich schrumpfe und schrumpfe und auf die Dauer noch weniger bin als Nichts? Du erschaffst eine großartige fernste Ferne, aber inzwischen ist das, was am nächsten bei dir ist – und das bin ich –, schon fast verschwunden. Noch nie habe ich mich so allein gefühlt unter deinen Sternen, auf deiner Erde, im Wind, im Wind, im Wind." Damit meinte ich, dass die Sträucher und alles, was da wuchs, erst zu leben schienen, wenn der Wind wehte. Was hatte man schon von all dem, was geschaffen war? Licht und Schatten, Duft und Feuer und eine Banane zum Essen, aber soweit ich sehen konnte, stand nirgendwo noch eine Pflanze wie ich mit Armen und Beinen.

    Gott grinste nur.

„Du lachst", sagte ich. „Ich nicht."
„Ich lache sie an, nicht dich", sagte Gott und deutete auf den Hund zu meinen Füßen, auf den Wellensittich auf meinem Kopf, auf die Katze, die gerade erst erschaffen worden war, aber schon eine Maus gefangen hatte.

ALLES MÖGLICHE wollte plötzlich auf meinen Schoß. Ein Affenjunges, ein Ziegenbock, und wenn es nicht auf meinen Schoß wollte, dann hing es an meinem Bein oder blieb, wo es war. Dann kroch oder flog oder schwamm es, dann lief oder kletterte es, und manchmal konnte es noch mehr als das oder verschiedene Sachen gleichzeitig.

Ich glaube, ich habe einen Tag gebraucht, bis ich alles gesehen hatte, und dann hatte ich immer noch nicht alles gesehen. Es gab nämlich auch welche, die sich versteckten, und andere, die nicht auffielen, weil sie unter meiner Haut oder in meinen Haaren saßen oder einfach mit bloßem Auge nicht zu sehen waren; nicht einmal, wenn sie mir mit zwei Pfötchen gleichzeitig zugewinkt hätten.

„Gut", sagte ich über die Schulter und meinte es ernst. Ich hob sogar meinen Daumen hoch und erwartete, dass ich hinter meinem Rücken Gottes Stimme hören würde.

Es kam nichts.

„Auch gut", sagte ich über die Schulter.

GOTT TAT MIR Leid. Er war müde. Wenn ich sage, dass Gott und ich nur wenig sind, ist das nur eine Vermutung. Etwas, was ich mir so denke. Sicher wissen werde ich es nie. Seitdem ich das Nichts gesehen habe, ist Etwas oft schon sehr viel und manchmal ist Fast-Nichts lächerlich wenig. Wenn ich darüber nachdenke, ist Gott vielleicht Fast-Alles. Erfinde doch mal etwas, was noch nicht da ist. Tu's noch mal und noch mal. Ich kann mir vorstellen, dass du nicht einfach so Dinge erschaffst. Ich habe mal eine Teigfigur gemacht, es sollte ein Schaf werden. Was für ein köstliches Pferd das ist, sagte meine Mutter, als sie mir Butter draufschmierte. Man hat so schnell einen Fehler gemacht.

„Gott", sagte ich und drehte mich auf meinem Stühlchen um. „Warum hast du zuerst Licht gemacht und später die Sonne? Sollte es nicht andersherum sein? Sollte es nicht gleichzeitig sein? Hast du im Nachhinein nicht gedacht, dass es umsonst war und tut dir das Leid?"

Ich hätte mir eine Ohrfeige geben können. Was als eine gut gemeinte Frage begann, machte plötzlich eine Kurve. Meine Spucke war Gift. Der Hund zu meinen Füßen rückte zur Seite und auch die anderen Tiere wurden unruhig, aber Gott schaute sich ungerührt um. Er nickte mir zu und er nickte dem Rest der Welt zu und sagte, dass alles gut war, wie es war.

„Gott", sagte ich und drehte mich von ihm weg. „Gegen alles bist du streng, aber nicht zu mir. Gib's endlich zu: Ich bin ein Fehler!"

„Aber nein", sagte Gott und wedelte mit seinen Händen. Er ließ mich erst die eine Seite der Hand und dann die andere anschauen. Sie waren verschieden, und wenn man genau hinsah, ergänzten sie sich.

Dann deutete er auf mich und auf eine Frau. Sie stand plötzlich da. Sie war schön und nackt wie ich und leuchtete fast von innen.

„Aber ja", sagte Gott.

Der Hund zu meinen Füßen sprang auf und wedelte. Das war wohl so viel wie ein erhobener Daumen.

ALS DIE FRAU und ich am nächsten Tag in unserem Bett von Schafen geweckt wurden, verhielten wir uns ganz leise.

Gott schlief. Gott schlief sich aus. Er hatte eine schwere Woche hinter sich. Er lag mit ausgebreiteten Armen auf dem Bauch und schnarchte ein bisschen. Gegen Abend legte er sich auf die Seite und murmelte im Schlaf.

„So", sagte er, und dass dies seine letzte Arbeit für diese Woche gewesen sei. Heute habe er nichts geschaffen, nichts, denn das habe er noch nie zuvor getan.

„Das stimmt", sagte ich zu der Frau. „Das stimmt. Am Anfang war das Nichts schon da, aber es war nicht das Nichts von Gott. Das kannst du dir schwer vorstellen. Du musst alles, was es jetzt gibt, weglassen. Du musst das Licht ausmachen und selbst nicht da sein und dann noch die Dunkelheit vergessen. Denn am Anfang war Nichts, also auch keine Dunkelheit. Wenn du den Anfang von allem sehen willst, musst du sehr viel weglassen."

Bücher von Bart Moeyaert und Wolf Erlbruch
im Peter Hammer Verlag

Bart Moeyaert und Wolf Erlbruch
Olek schoss einen Bären

Wolf Erlbruch
Der Adler, der nicht fliegen wollte (Text von James Aggrey)
Vom kleinen Maulwurf, der wissen wollte, wer ihm auf den Kopf gemacht hat (Text von Werner Holzwarth)
Das Bärenwunder
Leonard
Die fürchterlichen Fünf
Frau Meier, die Amsel
Die Werkstatt der Schmetterlinge (Text von Gioconda Belli)
Nachts
Die Menschenfresserin (Text von Valérie Dayre)
Die große Frage
Schon wieder was (Text von Jürg Schubiger)